Frühstück & Brunch

der beste Grund aufzustehen

> Autorin: Margit Proebst | Fotos: Michael Brauner

Inhalt

Die Theorie

Die Rezepte

Extra

Frühstücken wie ein König …

Ein üppiges Frühstück mit knusprigen Brötchen, Konfitüre, Schinken, Käse, Früchten und Saft, dazu frisch aufgebrühter Kaffee – einfach herrlich! Zu schade, wenn der kulinarische Start in den Tag unter der Woche oft der morgendlichen Hektik zum Opfer fällt. Umso mehr genießt man dann das Sonntagsfrühstück oder den Brunch mit Freunden – Sie wissen schon, die in England erfundene Kombination aus Breakfast (engl. Frühstück) und Lunch (engl. Mittagessen). Er beginnt am späten Vormittag und jeder bringt etwas mit. Gibt es eine gemütlichere Art, den Tag zu beginnen?

Frühstück in aller Welt

Filterkaffee, Brötchen mit Butter und Marmelade, ein Glas Orangensaft und ein weiches Ei – so sieht ein klassisches deutsches Frühstück aus. Dazu mögen viele Käse oder Wurst.
Doch wie frühstückt man in anderen Ländern? Vieles kennen wir aus dem Urlaub und so manches davon hat unsere Vorlieben inzwischen geprägt, zum Beispiel das Müsli: Erfunden wurde es von einem Schweizer. Ein echtes Bircher Müsli enthält Haferflocken, gemahlene Nüsse und geriebenen Apfel. Mit anderen Getreideflocken, Cornflakes, Trockenfrüchten, Milch oder Joghurt und allen denkbaren frischen Früchten ist daraus ein beliebter Starthelfer in den Tag geworden.

1 *Frühstücken Sie wie die Franzosen: mit Croissant und Milchkaffee.*

Frankreich

Knusprige Croissants, die feinblättrigen Hörnchen, und Milchkaffee verdanken wir Frankreich. Dort stippt man sie zum *petit déjeuner* lustvoll in einen *bol* (eine große bauchige Tasse) mit *café au lait* (Milchkaffee). Auch das Baguette kommt von unseren Nachbarn im Westen. Besonders zum zweiten Frühstück im Büro oder zum Kaffee unterwegs stillt ein lecker mit Käse oder Schinken belegtes Sandwich auf angenehme Weise den Hunger.

Italien

Milchkaffee trinkt man auch in Italien zur *colazione*; dort heißt er *caffè latte*. Weniger Milch und mehr Kaffee enthält der *cappuccino*, noch mehr Milch der *latte macchiato*. Wer auf Kaffeegeschmack pur steht, bestellt einen *caffè*, einen kleinen schwarzen Espresso. Dazu verspeist man eine *brioche*, eines der süßen Teilchen, Hörnchen etc., die in der Bar angeboten werden. Und das ist dann auch typisch: Kaum jemand frühstückt in Italien zu Hause, man kehrt auf dem Weg zur Arbeit oder zum Einkaufen in einer der unzähligen Bars ein, nimmt dort im Stehen einen Kaffee und weiter geht's.

2 *Rund ums östliche Mittelmeer genießt man morgens lieber was Pikantes.*

Spanien und Portugal

Auf der iberischen Halbinsel spielt das Frühstück ebenfalls eine untergeordnete Rolle. In Spanien gibt es zum *desayuno* einen *café con leche* (Milchkaffee) mit einem Stück Brot oder ein paar *madalenas* (kleines Biskuitgebäck). Zum zweiten Frühstück unterwegs in der Bar isst man dann zum *café solo* (Espresso) ein *crossante* (Croissant, das übrigens manierlich mit Messer und Gabel verspeist wird!) oder ein *bocadillo* (belegtes Brötchen). An Feiertagen serviert man *churros* (Rezept Seite 19) zu *chocolate* (Rezept Seite 7). Portugal ist für alle Süßschnäbel der Frühstückshimmel auf Erden: Zum *galão* (Milchkaffee) gibt es umwerfend zart schmelzende, süchtig machende Vanillecremetörtchen, *pasteis de nata*. Wer Herzhaftes bevorzugt, nimmt zu einer *bica* (Espresso) ein *pãozinho* (belegtes Brötchen).

3 *Pancakes mit Ahornsirup schmecken morgens nicht nur Süßschnäbeln.*

Griechenland und Türkei

Ganz anders ist das Frühstück um das östliche Mittelmeer. In Griechenland mag man es pikant: Käse, Oliven und Tomaten oder Frischkäse, Oliven- sowie Fischrogenpüree auf knusprigem Brot sind die Favoriten. Ebenfalls lecker: sahniger Joghurt, bevorzugt aus Schafmilch, mit griechischem Honig. Dazu gibt es einen starken, leicht gesüßten Mokka. Starken Mokka gibt es auch in der Türkei, allerdings liebt man ihn dort richtig süß. Zu Schafkäse und Oliven gibt es frische *simit*, knusprige Sesamringe, die überall feilgeboten werden.

Asien

Auch in asiatischen Ländern beginnt der Tag mit etwas Herzhaftem, spezielle Frühstücksgerichte gibt es jedoch nicht. In Thailand isst man beispielsweise eine Reissuppe mit Gemüse, Fleisch oder Fisch – meist ebenso scharf wie die übrigen Mahlzeiten des Tages. In Japan startet man mit einer Schale Reis und Miso-Suppe (Soja-Gemüsesuppe). In den Großstädten gibt es wie überall auf der Welt *coffee shops*, in denen Berufstätige einen Stopp für einen Kaffee und ein Sandwich einlegen können.

England und USA

Ein typisches englisches *breakfast* besteht aus Tee und Toast mit Orangenmarmelade. Braucht der Engländer eine kräftige Grundlage, dann isst er gebratene Würstchen mit Speck, Champignons und Spiegeleiern, *baked beans* (weiße Bohnen in Tomatensauce) und *porridge* (Haferflockenbrei).
In den USA gibt es zu reichlich eher schwachem Filterkaffee Rührei mit Speck, untertellergroße *pancakes* mit Ahornsirup (siehe Blaubeerpfannkuchen Seite 16) oder *french toast* (eine Art »Armer Ritter«). Nicht nur bei Kindern beliebt sind Cornflakes mit Milch. Unterwegs holt man sich im *coffee shop* zum Kaffee einen belegten Bagel (Rezepte Seite 8/9) oder einen Muffin (Rezepte Seite 14).

Getränke

1 | Kaffee

So mancher kommt morgens nur durch eine gewisse Dosis Koffein in die Gänge. Das beliebteste anregende Getränk ist deshalb Kaffee. Ob Filterkaffee, Milchkaffee oder Latte macchiato, mit Zucker oder ohne, ist dem persönlichen Geschmack überlassen. Auch löslicher Instant-Kaffee hat viele Anhänger.
Für guten, aromatischen Kaffee brauchen Sie frisch gerösteten Kaffee, am besten in ganzen Bohnen und frisch gemahlen. Gemahlener Kaffee raucht schnell aus und gehört in eine dicht schließende Dose. Kaufen Sie ihn in Mengen, die Sie innerhalb von 4 Wochen aufbrauchen.

1 *Einfach herrlich – der Duft und Geschmack von frisch gebrühtem Kaffee!*

2 | Tee und Kakao

Schwarzer Tee wirkt, wenn Sie ihn 2 Min. ziehen lassen, durch das enthaltene Tein ebenfalls anregend. Magenfreundliche Alternativen sind Grüner Tee und Mate-Tee. Kinder trinken gerne Kakao: einfach lösliches Kakaopulver in kalte oder warme Milch rühren, fertig! Unwiderstehlich cremig und schokoladig ist die spanische Chocolate (Rezept Seite 7). Kein Wunder, dass Spanier in Deutschland bei dem, was wir »heiße Schokolade« nennen, schreckliches Heimweh bekommen …

3 | Säfte und Shakes

Neben Kaffee und Tee sind auch frisch gepresste Säfte sehr beliebt. Wem das zu aufwändig ist, der greift zu frischen Säften aus der Kühltheke im Supermarkt. Shakes und Smoothies aus Milch, Buttermilch, Joghurt oder Kefir und Früchten (siehe Seite 7) sind ebenso erfrischend und lecker, schnell gemixt und nicht nur bei Kindern der Hit.

2 *Frisch gepresste Säfte erfrischen und wecken Ihre Lebensgeister.*

4 | Sekt und Co.

Alkoholische Getränke sind bei Frühstück und Brunch unüblich. Besonders Wein, Bier und Hochprozentiges sind nicht zu empfehlen, sie machen eher müde und dämpfen die Stimmung. Ein Gläschen Champagner, Sekt oder Prosecco im Laufe des Brunches hingegen – gemischt mit etwas Orangen- oder Johannisbeersaft – kommt meist gut an und beschwingt auf angenehme Weise. Einen exotischen Touch bekommt der Drink, wenn Sie einen Teil Mango- oder Guavensaft mit zwei Teilen eisgekühltem Prosecco oder trockenem Sekt auffüllen.

Anregend, schokoladig, fruchtig

Latte macchiato: Für 2 Gläser 2 Tassen starken Espresso zubereiten. 300 ml Milch (1,5 % Fett) erhitzen und mit einem Milchschäumer schaumig aufmixen. Espresso in 2 hohe Gläser geben, die Milch zugießen, den Schaum mit einem Löffel darüber türmen.

Englischer Tee: Für 8 Tassen 5–8 TL Teeblätter (z. B. Orange Pekoe) in eine Kanne geben, mit 1 l kochendem Wasser übergießen. Zugedeckt 2 Min. (anregend) bis 5 Min. (beruhigend) ziehen lassen. Mit Sahne oder Milch und Zucker oder Kandis servieren.

Spanische Chocolate: Für 6 Tassen 300 g Edelbitterschokolade fein hacken. Mit 1/2 l Wasser in einem Topf unter Rühren schmelzen. 1 TL Maisstärke mit 2 EL kaltem Wasser anrühren. In die Schokolade rühren und dreimal kurz aufkochen lassen.

Kokos-Frucht-Drink: Für 8–10 Gläser 1 reife Ananas schälen und würfeln. Mit 1 kleinen Dose Cream of Coconut (250 g; Spirituosenregal) und einigen Eiswürfeln in den Mixer geben. Mit 1 l Orangensaft auffüllen, durchmixen und in einen Krug mit Eiswürfeln füllen.

Granatapfel-Drink: Für etwa 4 Longdrink-Gläser 1 Granatapfel halbieren, 2 EL Kerne herauslösen. Den Granatapfelsaft auspressen, mit 8 EL Grenadinesirup mischen und in Gläser geben. Mit Orangensaft auffüllen und mit Granatapfelkernen bestreuen.

Erdbeer-Smoothie: Für etwa 4 Longdrink-Gläser 250 g Erdbeeren waschen, putzen, klein schneiden. Mit 1 EL Zucker bestreuen, 10 Min. ziehen lassen. Mit 1/2 l Milch (oder Buttermilch) schaumig aufmixen. Wer mag, gibt 1 Kugel Erdbeer- oder Vanilleeis mit ins Glas.

Grundrezept

Für den Teig das Mehl in eine Schüssel sieben, eine Mulde eindrücken. Die Milch lauwarm erhitzen, Hefe und 1 EL Zucker darin auflösen und in die Mulde gießen. Zugedeckt 15 Min. gehen lassen. Mehl und Hefe-Milch verrühren, das Salz zufügen. Auf die Arbeitsfläche schütten und 5 Min. kneten. Den Teig zur Kugel formen, in die Schüssel legen und abgedeckt an einem warmen Ort 1 Std. gehen lassen, bis der Teig sein Volumen verdoppelt hat.

Bagels

FÜR 16 STÜCK

- **500 g Mehl**
- **350 ml Milch**
- **1 Würfel Hefe (42 g)**
- **3 EL Zucker**
- **2 TL Salz**
- **2 TL Natron**
- **Sesamsamen und Mohn zum Bestreuen**

TIPP

Bagels einfrieren

Bagels lassen sich prima vorbereiten: Die Teiglinge blanchieren, auf ein Brett geben, mit Sesam oder Mohn bestreuen und abkühlen lassen. 1 Std. im Tiefkühlfach vorgefrieren, dann in Gefrierbeutel füllen. Zum Servieren unaufgetaut auf das Blech legen und im vorgeheizten Backofen bei 200° (Umluft 180°) 20 Min. backen.

1 *Backofen auf 200° vorheizen. Den Teig in 16 Teile teilen, zu Kugeln formen. Mit dem Finger ein Loch in die Mitte bohren und etwas erweitern.*

2 *2 Bleche mit Backpapier bedecken. In einem breiten Topf 2 l Wasser mit dem restlichen Zucker und dem Natron verrühren und zum Kochen bringen.*

3 *Je 3–4 Bagels 15 Sek. ins Wasser geben, bis sie sich aufblähen. Mit einem Schaumlöffel herausheben und mit etwas Abstand auf die Bleche setzen.*

4 *Mit Sesam oder Mohn bestreuen. Im Ofen (Mitte, Umluft 180°) in 15 Min. goldbraun backen. Die Bagels zum Abkühlen auf ein Kuchengitter geben.*

Bagels schnell belegen

Räucherlachs und Kresse: Mohn- oder Sesambagels aufschneiden, Schnittflächen dünn mit Crème fraîche bestreichen. Untere Hälften mit je 2 EL Kresse und 1 Scheibe Räucherlachs belegen. Mit Zitronensaft beträufeln, obere Bagelhälften aufsetzen.

Shrimps und Zitronenbutter: Für 6 Bagels 50 g weiche Butter mit 1 Prise Salz, abgeriebener Schale von 1/4 unbehandelten Zitrone, 1 TL Zitronensaft und 1 EL gehackter Zitronenmelisse verrühren. Bagelhälften bestreichen, mit je 40 g Shrimps belegen.

Serranoschinken und Chilibutter: Für 6 Bagels 50 g weiche Butter mit 1 Prise Salz verrühren. 1 rote Chilischote waschen, entkernen, fein würfeln. Unter die Butter rühren. Untere Bagelhälften dünn damit bestreichen und mit 1 Scheibe Serranoschinken belegen.

Putenbrust und Mangobutter: Für 6 Bagels 50 g Butter mit 1 EL Mangochutney verrühren. Bagelhälften bestreichen, Unterseiten mit je 1 Scheibe Putenbrust belegen. 1 Stange Staudensellerie, 1/2 gelbe Paprikaschote putzen, würfeln. Auf die Putenbrust streuen. Obere Bagelhälften aufsetzen.

Schnittlauch und Radieschen: Für 6 Bagels 1 Bund Schnittlauch in Röllchen schneiden. Bagels teilen, dünn mit Kräuterfrischkäse bestreichen. Untere Hälften in Schnittlauch tauchen. 1 Bund Radieschen putzen, waschen, in Scheiben schneiden. Darauf geben, salzen. Obere Hälften aufsetzen.

Oliven-Mandel-Creme und Camembert: Für 6 Bagels 3 EL grüne Oliven (ohne Stein), 3 EL gemahlene Mandeln, 20 g Butter, 1/2 TL Honig und je 1 Prise Salz und Pfeffer fein pürieren. Bagelhälften damit bestreichen und mit dünnen Scheiben Camembert belegen.

Einladung zum Sonntagsbrunch

Sonntag ist der ideale Tag für eine Einladung zum Brunch: Die meisten haben frei, die Samstagseinkäufe sind erledigt, also kann man sich entspannt zur gemütlichen Vormittagsrunde treffen. Freunde mit Kindern brauchen keinen Babysitter, denn die Kleinen kommen mit. »Kann ich etwas mitbringen?« Diese Frage kommt garantiert! Scheuen Sie sich nicht, das Angebot anzunehmen – bei der nächsten Einladung können Sie sich revanchieren. Sprechen Sie sich vorher ab, wer was besonders gerne und gut macht, dann braucht keiner lange in der Küche zu stehen.

CHECKLISTE

Daran sollten Sie denken beim Frühstücksvergnügen mit Gästen

✗ **Planung**
Was möchten Sie Ihren Gästen anbieten? Kombinieren Sie 2–3 aufwändigere mit einigen schnellen Gerichten. Auf den Seiten 58 und 59 finden Sie Vorschläge dazu. Haben Sie genügend Geschirr, Besteck und Gläser? Das Fehlende entweder privat oder beim Geschirrverleih (Adressen in den Gelben Seiten) ausleihen.

✗ **Einkauf**
Besorgen Sie alle haltbaren Lebensmittel, die Getränke, Servietten und Dekomaterial am besten schon einige Tage vorher. Am Samstag nur noch die frischen Zutaten einkaufen.

✗ **Getränke**
Säfte (rechnen Sie pro Person 2 Gläser), Wasser (je 1/2 Flasche) und Sekt (je 1–2 Gläser) schon am Vortag einkühlen. Für Kaffee und Tee Thermoskannen bereitstellen.

✗ **Frische Brötchen**
Brötchen und Croissants rechtzeitig bei einem Bäcker bestellen, der sonntags geöffnet hat: Pro Person 2 Brötchen (möglichst verschiedene Sorten) und 1 Croissant oder 1 Brötchen oder Bagel, 1 Scheibe Vollkorn- oder Schwarzbrot und 1 Muffin rechnen.

✗ **Tisch decken**
Decken Sie den Tisch schon am Vorabend, dann haben Sie morgens mehr Zeit, das Essen vorzubereiten.

✗ **Brunchbüfett**
Bei mehr als sechs Gästen passen vermutlich nicht mehr alle Speisen auf den Tisch. Arrangieren Sie alle kalten Speisen einschließlich der Nachspeise zu einem Büfett, von dem sich jeder selbst bedient.

✗ **Warme Speisen**
Geben Sie die warmen Gerichte am besten jedem Gast direkt auf den Teller. Bei größeren Festen Rechauds auf dem Büfett bereitstellen und das Essen darauf warm halten.

Tischdekoration

Das bringt appetitliche Frische an Ihren Frühstückstisch: Wählen Sie zur weißen Tischdecke und weißem Frühstückgeschirr zartgelbe und lindgrüne Servietten. Legen Sie auf jedes Gedeck eine hübsche, kleine Süßigkeit.

1

2

Schnell gebastelt

Fehlen Eierbecher für alle Gäste? Aus gelbem Karton (Bastelladen) Streifen von 5 x 15 cm schneiden und so zusammentackern, dass ein Ei gut darauf steht. Mit den Namen Ihrer Gäste beschriftet werden daraus »Tischkärtchen«.

Praktisch und dekorativ

3

Müsli, Cornflakes, Fruit-Loops und Co. lassen sich gut in Bonbongläsern aufbewahren und machen auch auf dem Frühstückstisch oder dem Brunchbüfett eine gute Figur.

Süßes

Superleicht verdaulich und herrlich erfrischend ist frisches Obst zum Frühstück, das Ihnen – kombiniert mit dem Müsli von Seite 13 – den ultimativen Energiekick am Morgen gibt. Oder gehören Sie zu den süßen Leckermäulern, für die ein Frühstück ohne Konfitüre eine halbe Sache ist? Dann freuen Sie sich auf so außergewöhnliche Kreationen wie Aprikosenkonfitüre mit Mandelkrokant oder Orangen-Thymian-Konfitüre. Daneben finden Sie in diesem Kapitel internationale Frühstücksspezialitäten und eine Reihe unwiderstehlicher Desserts für die Einladung zum Brunch.

Blitzrezepte

Erdbeermarmelade

FÜR 2 GLÄSER À CA. 450 ML

➤ **500 g reife, aromatische Erdbeeren | 1 unbehandelte Zitrone | 250 g Gelierzucker (2:1) | 2 Vanilleschoten**

1 | Erdbeeren waschen, putzen und klein schneiden. Zitrone waschen und abtrocknen. Die Schale abreiben, den Saft auspressen. Beides mit Erdbeeren und Gelierzucker mischen und 15–20 Min. mit dem Handrührgerät durchmixen, bis sich der Zucker vollständig gelöst hat.

2 | Vanilleschoten längs aufschneiden, das Mark herauskratzen und unterrühren. Die Gläser heiß ausspülen, mit Marmelade füllen und verschließen. Im Kühlschrank aufbewahrt ist sie 2–3 Wochen haltbar.

Knuspermüsli

FÜR 4–6 PERSONEN

➤ **50 g Haselnüsse | 50 g Mandeln | 200 g fertige Müslimischung | 250 g Magerquark | 150 g Joghurt | 1 Päckchen Vanillezucker | Früchte nach Wahl (Äpfel, Birnen, Bananen, Beeren) | Honig (nach Belieben)**

1 | Nüsse und Mandeln ohne Fett rösten, bis sie duften. Abkühlen lassen, eventuell die Häutchen abreiben, unter das Müsli mischen. In ein Glas füllen.

2 | Quark mit Joghurt und Vanillezucker in einer Schüssel glatt rühren. Früchte waschen, eventuell schälen und in mundgerechte Stücke schneiden. Mit dem Müsli und Honig untermischen.

schokoladig | herb

Schoko-Ingwer-Muffins

FÜR 12 STÜCK

- 280 g Mehl
  1 Päckchen Backpulver
  1/2 TL Natron
  2 EL ungesüßtes Kakaopulver
  1 getrocknete Chilischote
  50 g frischer Ingwer
  1 Ei (Größe L) | 100 g Zucker
  300 g Buttermilch
  80 ml Öl
  1 Tafel Edelbitterschokolade (100 g)
  Öl für die Form

Zubereitung: 20 Min.
Backzeit: ca. 20 Min.
- Pro Stück ca.: 200 kcal

1 | Backofen auf 200° vorheizen. Die Muffinform einfetten und kalt stellen. Mehl, Backpulver, Natron und Kakaopulver vermischen. Chilischote dazubröseln. Ingwer schälen, grob raspeln (ergibt etwa 2 EL) und untermischen.

2 | Ei, Zucker, Buttermilch und Öl verquirlen und schnell unter die Mehlmischung rühren. Vertiefungen der Form je zur Hälfte mit Teig füllen. Die Hälfte der Schokolade in 12 Stückchen brechen, jeweils eines in die Teigmitte drücken, mit dem übrigen Teig bedecken.

3 | Im Backofen (Mitte, Umluft 180°) 20 Min. backen. Herausnehmen, 5 Min. ruhen lassen. Aus der Form lösen und zum Auskühlen auf ein Kuchengitter geben.

4 | Übrige Schokolade schmelzen. Mit einem angewärmten Löffel Schoko-Linien auf die Muffins träufeln.

exotisch | frisch

Kokos-Limetten-Muffins

FÜR 12 STÜCK

- Für die Muffins:
  240 g Mehl
  60 g Kokosraspel
  2 1/2 TL Backpulver
  1/2 TL Natron
  2 1/2 Limetten
  120 g brauner Zucker
  2 EL weißer Rum (nach Belieben)
  1 Ei (Größe L)
  100 ml Milch | 80 ml Öl
  12 Papier-Backförmchen
- Für den Guss:
  50 g Puderzucker
  1 EL Limettensaft
  3 EL Kokoschips (Bioladen; ersatzweise Kokosraspel)

Zubereitung: 20 Min.
Backzeit: ca. 20 Min.
- Pro Stück ca.: 220 kcal

1 | Backofen auf 180° vorheizen. Papier-Backförmchen in die Vertiefungen der Muffinform stecken. Mehl, Kokosraspel, Backpulver und Natron vermischen.

2 | Saft der Limetten auspressen (ergibt etwa 100 ml), mit Zucker und nach Belieben mit Rum verquirlen. Ei, Milch und Öl untermischen und schnell unter die Mehlmischung rühren. Den Teig sofort in die Förmchen geben. Im Backofen (Mitte, Umluft 160°) 20 Min. backen. Abkühlen lassen.

3 | Puderzucker und Limettensaft verrühren, Muffins damit bestreichen und mit Kokoschips bestreuen.

im Bild links: **Schoko-Ingwer-Muffins** *im Bild rechts:* **Kokos-Limetten-Muffins**

lieben auch Kinder

Waffeln mit Bananensahne

FÜR 8 PERSONEN
(24 STÜCK)

➤ **Für die Waffeln:**
200 g weiche Butter
200 g Zucker
1 Prise Salz
1 Päckchen Vanillezucker
4 Eier
200 g Mehl
1/2 TL Backpulver
Fett für das Waffeleisen

➤ **Für die Bananensahne:**
200 g Sahne
1 EL Zucker
2 reife Bananen
Saft von 1 Zitrone

Zubereitung: 40 Min.
➤ Pro Portion ca.: 520 kcal

1 | Butter mit Zucker, Salz und Vanillezucker schaumig schlagen. Nach und nach die Eier dazugeben. Mehl und Backpulver dazusieben und unterrühren.

2 | Sahne mit Zucker steif schlagen. Die Bananen schälen und mit einer Gabel fein zerdrücken. Sofort mit dem Zitronensaft mischen und unter die Sahne heben. In einem Schüsselchen bis zum Servieren kalt stellen.

3 | Das Waffeleisen einfetten und erhitzen. Jeweils eine kleine Schöpfkelle Teig einfüllen, verteilen und das Waffeleisen schließen. Die Waffeln in jeweils 3–4 Min. goldbraun backen. Warm mit der Bananensahne servieren.

➤ Varianten: Sie können die Sahne auch mit frischem Mango- oder Pfirsichpüree aromatisieren oder frische Erd- oder Himbeeren zu den Waffeln reichen.

Spezialität aus USA

Blaubeerpfannkuchen

FÜR 12 STÜCK

➤ **250 g Blaubeeren**
200 g Mehl
1 TL Backpulver
1 EL Zucker
1 Prise Salz
3 Eier
1/4 l Milch
100 g Butter
Ahornsirup zum Beträufeln

Zubereitung: 30 Min.
➤ Pro Stück ca.: 190 kcal

1 | Blaubeeren verlesen, vorsichtig waschen und in einem Sieb abtropfen lassen.

2 | Mehl, Backpulver, Zucker und Salz in einer Schüssel mischen. Mit Eiern und Milch zu einem glatten Teig verquirlen. 50 g Butter schmelzen und unter den Teig rühren. Die Blaubeeren vorsichtig unterheben.

3 | Jeweils 1 TL Butter in einer kleinen Pfanne erhitzen. Nacheinander 12 kleine Pfannkuchen (etwa 12 cm Ø) backen. Mit Ahornsirup beträufelt servieren.

TIPP

Die Blaubeerpfannkuchen entweder direkt aus der Pfanne servieren oder zu einem Turm schichten und bis zum Servieren bei 50° im Backofen warm halten. Statt Blaubeeren schmecken auch frische Cranberries – Kulturpreiselbeeren, die ab Herbst bei uns im Handel sind – sehr fein.

im Bild vorne: **Waffeln mit Bananensahne** *im Bild hinten:* **Blaubeerpfannkuchen** ➤

Spezialität aus England

Scones

FÜR 15 STÜCK

- **500 g Mehl**
  1 Päckchen Backpulver
  100 g Butter
  300 ml Milch
  1 EL Zucker
  1/2 TL Salz
  1 Eigelb zum Bestreichen

Zubereitung: 20 Min.
Ruhezeit: 15 Min.
Backzeit: ca. 20 Min.
- Pro Stück ca.: 185 kcal

1 | Mehl und Backpulver in eine Schüssel sieben. Die Butter in kleine Stückchen schneiden und dazugeben. Milch, Zucker und Salz hinzufügen und alles mit den Knethaken des Handrührgeräts zu einem geschmeidigen Teig verrühren.

2 | Den Teig auf die Arbeitsfläche geben, mit den Händen verkneten und zu einer etwa 30 cm langen Rolle formen. Die Rolle 15 Min. kalt stellen.

3 | Den Backofen auf 220° vorheizen. Das Blech mit Backpapier belegen. Die Teigrolle in 15 Scheiben schneiden und die Scheiben auf das Blech setzen.

4 | Das Eigelb verquirlen, die Scones damit bestreichen. Im Backofen (Mitte, Umluft 200°) 20 Min. backen, bis sie goldbraun sind. Abgekühlt mit Butter und Konfitüre (z. B. Orangen-Thymian-Konfitüre, Seite 27) servieren.

Spezialität aus Spanien

Churros

FÜR 4 PERSONEN

- **1/4 TL Salz**
  50 ml Öl
  100 g Mehl
  3 Eier
  2 EL Zucker
  Öl zum Frittieren
  Spritzbeutel mit gezackter Tülle (1 cm Ø)

Zubereitung: 30 Min.
- Pro Portion ca.: 310 kcal

1 | In einem Topf 175 ml Wasser mit Salz zum Kochen bringen, das Öl hinzufügen. Das Mehl auf einmal hineinschütten und so lange mit einem Holzkochlöffel rühren, bis sich ein glatter Teigkloß bildet. Den Teig »abbrennen« (daher der Name Brandteig), d. h. noch 2 Min. bei mittlerer Hitze weiterrühren.

2 | Vom Herd nehmen. Die Eier einzeln hinzufügen und mit dem Handrührgerät unterrühren.

3 | Das Öl in der Fritteuse oder einem Topf erhitzen. Es ist heiß genug, wenn an einem Holzkochlöffelstiel Bläschen aufsteigen. Den Teig in den Spritzbeutel füllen, jeweils 10–12 cm lange Stränge herausdrücken und ins siedende Öl gleiten lassen.

4 | Die Churros in etwa 3–4 Min. goldgelb frittieren, dabei gelegentlich wenden. Mit einem Schaumlöffel herausheben, auf Küchenpapier abfetten und noch warm mit dem Zucker bestreuen.

- Serviertipp: Am besten schmecken die Churros, wenn man sie in heiße Spanische Chocolate (Rezept Seite 7) stippt.

raffiniert

Schokocreme mit Cassis-Beeren

FÜR 6 PERSONEN

- **200 g Sahne**
- **500 g Naturjoghurt**
- **250 g Magerquark**
- **4 EL Zucker**
- **1 EL ungesüßtes Kakaopulver**
- **1 Vanilleschote**
- **450 g gemischte Beeren (z. B. Himbeeren, Heidelbeeren, Johannisbeeren, Brombeeren, frisch oder TK)**
- **4 EL Cassis (Johannisbeerlikör)**
- **Cigarettes russes (Waffelrollen) für die Dekoration**

Zubereitung: 20 Min.
Kühlzeit: 12 Std.
Marinierzeit: 30 Min.
Pro Portion ca.: 275 kcal

1 | Sahne cremig (nicht steif) aufschlagen. Joghurt, Quark, 3 EL Zucker und das Kakaopulver in eine Schüssel geben. Die Vanilleschote längs aufschneiden, das Mark dazukratzen. Alles verrühren und die Sahne unterheben.

2 | Ein Sieb mit einem Küchentuch auslegen und in eine Schüssel stellen. Die Joghurtmischung einfüllen, mit den Ecken des Küchentuches abdecken und 12 Std. kalt stellen. Die Molke fließt ab und die luftig leichte Schokocreme bleibt zurück.

3 | Frische Beeren verlesen, waschen und abtropfen lassen; TK-Beeren auftauen lassen. In einer Schüssel mit restlichem Zucker und Likör vermischen und 30 Min. ziehen lassen.

4 | Schokocreme und Cassis-Beeren abwechselnd in dekorative Kelchgläser schichten und mit Cigarettes russes garniert servieren.

fruchtig | frisch

Obstsalat mit Walnüssen

FÜR 6 PERSONEN

- **2 Orangen**
- **1 kleine Ananas (etwa 450 g)**
- **2 säuerliche Äpfel (z. B. Braeburn)**
- **3 Kiwis**
- **1 Banane**
- **250 g Erdbeeren**
- **50 g Walnusskerne**
- **4 EL Orangenlikör (nach Belieben)**

Zubereitung: 25 Min.
Pro Portion ca.: 140 kcal

1 | Orangen so schälen, dass auch die weiße Haut entfernt wird. Die Orangenfilets über einer Schüssel zwischen den Trennhäutchen herausschneiden, dabei den Saft auffangen. Ananas schälen, von Strunk und Augen befreien und würfeln. Äpfel waschen, nach Belieben schälen, vom Kerngehäuse befreien und in Stücke schneiden. Alles zu Orangensaft und -filets in die Schüssel geben.

2 | Kiwis und Banane schälen, Kiwis in Stücke, Banane in Scheiben schneiden. Erdbeeren waschen, putzen, vierteln und zu dem übrigen Obst in die Schüssel geben.

3 | Die Walnüsse in grobe Stücke brechen und dazugeben. Alles vorsichtig vermischen. Nach Belieben den Likör hinzufügen.

im Bild vorne: **Obstsalat mit Walnüssen** *im Bild hinten:* **Schokocreme mit Cassis-Beeren**

Spezialität aus Frankreich

Zitronentarte

FÜR EINE SPRINGFORM VON 28 CM Ø (10 STÜCKE)

➤ **Für den Boden:**
200 g Mehl | 50 g Zucker
1 Prise Salz | 2 Eigelbe
100 g kalte Butter
Mehl für die Arbeitsfläche

➤ **Für die Füllung:**
3 unbehandelte Zitronen
3 Eier | 150 g Puderzucker
30 g Butter

Zubereitung: 25 Min.
Kühlzeit: 2 Std.
Backzeit: ca. 37 Min.
➤ Pro Stück ca.: 285 kcal

1 | Mehl, Zucker und Salz auf die Arbeitsfläche geben. Eigelbe und Butter in kleinen Stückchen dazugeben und alles zu einem glatten Teig verkneten. In Folie gewickelt 1 Std. kalt stellen.

2 | Den Teig auf der bemehlten Arbeitsfläche etwas größer als die Form ausrollen. Die Form damit auskleiden, dabei einen etwa 2 cm hohen Rand formen. 1 Std. kalt stellen. Backofen auf 180° vorheizen. Im Ofen (unten, Umluft 160°) 12 Min. vorbacken.

3 | Inzwischen Zitronen waschen und abtrocknen. Die Schale abreiben, den Saft auspressen. Beides mit Eiern und Puderzucker in einem Topf verrühren. Bei schwacher Hitze unter Rühren bis knapp unter den Siedepunkt erwärmen, bis die Masse dickcremig wird. Butter in Flöckchen unterrühren.

4 | Den Teig im Ofen (unten, Umluft 160°) 12 Min. vorbacken, herausnehmen, die Zitronencreme darauf verteilen. Die Temperatur auf 150° reduzieren (Umluft 140°) und die Tarte in 25 Min. fertig backen.

lieben auch Kinder

Apfel-Crumble

FÜR 4 PERSONEN

➤ **Für die Äpfel:**
4 säuerliche Äpfel (z. B. Boskop)
2 EL Zitronensaft
1 EL Zucker
2 EL flüssige Butter

➤ **Für die Streusel:**
150 g Mehl
50 g gemahlene Haselnüsse | 100 g Zucker
1/2 TL Zimtpulver
1 Prise Salz | 100 g Butter

Zubereitung: 25 Min.
Backzeit: ca. 30 Min.
➤ Pro Portion ca.: 610 kcal

1 | Äpfel schälen, vom Kerngehäuse befreien und in Spalten schneiden. Sofort mit Zitronensaft, Zucker und der flüssigen Butter mischen, in eine flache ofenfeste Form füllen und verteilen.

2 | Backofen auf 180° vorheizen. Mehl, Nüsse, Zucker, Zimtpulver und Salz mischen. Die Butter in Flöckchen schneiden und dazugeben. Alles mit den Händen zu krümeligen Streuseln verkneten und über den Äpfeln verteilen. Im Backofen (Mitte, Umluft 160°) 30 Min. backen, bis die Äpfel weich und die Streusel goldbraun sind.

➤ Variante: Der Crumble schmeckt auch mit einer Mischung aus Äpfeln und Birnen sehr lecker.

im Bild vorne: **Zitronentarte** *im Bild hinten:* **Apfel-Crumble** ➤

to Latte

macht was her

Profiteroles-Turm

FÜR 12 PERSONEN

- **1/2 TL Salz**
- **100 g Butter**
- **150 g Mehl | 4 Eier**
- **400 g Sahne**
- **2 Päckchen Sahnesteif**
- **2 Päckchen Bourbon-Vanillezucker**
- **200 g Edelbitter-schokolade**
- **20 g Kokosfett**

Zubereitung: 1 Std.
Backzeit: ca. 15 Min.
Pro Portion ca.: 340 kcal

1 | Ofen auf 200° vorheizen. Ein Blech mit Backpapier belegen. 1/4 l Wasser mit Salz aufkochen lassen, Butter darin schmelzen. Mehl auf einmal ins Wasser schütten, rühren bis sich ein glatter Teigkloß bildet. Den Teig »abbrennen«, d. h. 2 Min. bei mittlerer Hitze weiterrühren. Vom Herd nehmen.

2 | Eier einzeln unterrühren. Den Teig in einen Spritzbeutel füllen und auf das Blech 35–40 walnussgroße Bällchen spritzen. Im Backofen (Mitte, Umluft 180°) 15 Min. backen. Abkühlen lassen.

3 | Die Sahne mit Sahnesteif und Vanillezucker sehr steif schlagen. In einen Spritzbeutel mit spitzer Tülle geben, und die Brandteigbällchen damit füllen.

4 | Schokolade grob hacken und mit Kokosfett im Wasserbad schmelzen, lauwarm abkühlen lassen. Profiteroles in die Glasur stippen und zu einem Turm aufschichten. Mit übriger Glasur beträufeln.

zart und sahnig

Himbeer-Trifle

FÜR 8 PERSONEN

- **4 Eier (Größe L)**
- **150 g Zucker | 1 Prise Salz**
- **60 g Mehl**
- **60 g Stärkemehl**
- **1 TL Backpulver**
- **400 g Sahne**
- **2 Päckchen Vanillezucker**
- **1/8 l Sherry medium (ersatzweise frisch gepresster Orangensaft)**
- **900 g TK-Himbeeren**

Zubereitung: 25 Min.
Backzeit: ca. 15 Min.
Kühlzeit: 2 Std. 30 Min.
Pro Portion ca.: 390 kcal

1 | Backofen auf 200° vorheizen. Ein Blech mit Backpapier belegen. Eier mit 3 EL kaltem Wasser cremig aufschlagen. Zucker und Salz nach und nach hinzufügen und 5 Min. weiterschlagen, bis ein fester Schaum entsteht. Mehl, Stärkemehl und Backpulver mischen und unterheben. Den Teig gleichmäßig auf das Blech streichen. Im Ofen (unten, Umluft 180°) 15 Min. backen. Herausnehmen und 30 Min. abkühlen lassen.

2 | Sahne mit Vanillezucker steif schlagen. Biskuit in Stücke zerpflücken, die Hälfte davon in eine Glasschüssel geben. Mit der Hälfte des Sherrys beträufeln. Erst eine Hälfte der Vanillesahne, dann eine Hälfte der (unaufgetauten) Himbeeren darauf verteilen. Eine zweite Lage Biskuit einschichten, mit Sherry tränken, mit Sahne und Himbeeren abschließen. Zugedeckt im Kühlschrank 2 Std. durchziehen lassen.

im Bild vorne: **Himbeer-Trifle** *im Bild hinten:* **Profiteroles-Turm** ➤

unwiderstehlich

Aprikosenkonfitüre mit Mandelkrokant

FÜR 4 TWIST-OFF-GLÄSER À CA. 450 ML

- **20 g Butter**
- **2 EL Zucker**
- **150 g Mandelstifte**
- **1,2 kg reife Aprikosen**
- **500 g Gelierzucker (2:1)**
- **Saft und sehr fein abgeriebene Schale von 1 unbehandelten Zitrone**

Zubereitung: 45 Min.
Pro Glas ca.: 920 kcal

1 | Butter, Zucker und Mandelstifte in einer beschichteten Pfanne hellbraun karamellisieren. Abkühlen lassen.

2 | Aprikosen überbrühen und häuten. Früchte entsteinen, klein schneiden und mit Zucker, Zitronensaft und -schale mischen. Unter Rühren aufkochen und 4 Min. sprudelnd kochen lassen.

3 | Gläser heiß ausspülen. Mandelkrokant in kleine Stückchen brechen und unter die Aprikosenmasse rühren. Die Gläser mit der heißen Marmelade füllen, sofort verschließen und 5 Min. auf den Kopf stellen.

TIPP Machen Sie vor dem Abfüllen eine Gelierprobe: 1 TL Konfitüre auf einen kalten Teller geben. Wird sie in 1 Min. fest, ist sie fertig, sonst noch einige Minuten weiterkochen lassen.

Klassiker auf neue Art

Orangen-Thymian-Konfitüre

FÜR 3 TWIST-OFF-GLÄSER À CA. 450 ML

- **1 kg unbehandelte Saftorangen**
- **400 ml frisch gepresster Orangensaft**
- **500 g Gelierzucker (2:1)**
- **1 Bund Zitronenthymian**

Zubereitung: 45 Min.
Pro Glas ca.: 820 kcal

1 | Orangen heiß abwaschen und abtrocknen. 2 Orangen mit dem Sparschäler schälen, die Schale in feine Streifen schneiden. Die beiden Früchte so schälen, dass auch die weiße Haut entfernt wird. Die Orangenfilets zwischen den Trennhäutchen herausschneiden, die Orangenschale untermischen.

2 | Ein Sieb mit einem Küchentuch auslegen. Restliche Orangen mit Schale in Stücke schneiden. Küchentuch zusammendrehen, den Saft auspressen, auffangen und abmessen. Mit dem Orangensaft auf 1 l auffüllen. Mit Gelierzucker 10 Min. sprudelnd kochen lassen.

3 | Zitronenthymian waschen und trockenschütteln, die Blättchen abzupfen. Mit Orangenfilets und -schale zur Konfitüre geben, 2 Min. weiterkochen lassen und eine Gelierprobe machen (siehe Tipp links). Die Gläser heiß ausspülen, mit der Konfitüre füllen, sofort verschließen und 5 Min. auf den Kopf stellen.

TIPP Klassische englische Orangenmarmelade wird aus Bitterorangen hergestellt, die Sie in den Wintermonaten Dezember bis Februar bekommen.

im Bild vorne: **Aprikosenkonfitüre mit Mandelkrokant** *im Bild hinten:* **Orangen-Thymian-Konfitüre**

Pikantes

Beim Alltagsfrühstück greifen wir gerne zu Wurst oder Schinken. Und Käse steht auch als Belag auf Sandwiches beim zweiten Frühstück im Büro besonders hoch im Kurs. Fürs Sonntagsfrühstück oder für die Einladung zum Brunch darf es dann etwas ausgefallener sein: Edles mit Räucherfisch und Entenbrust ist hier ebenso zu finden wie raffinierte Brotaufstriche, feine Salate und leckere Quiches.

Blitzrezepte

Räucherforellen mit Apfel-Meerrettich

FÜR 4 PERSONEN

➤ 1 säuerlicher Apfel (z. B. Boskop) | 1 EL Zitronensaft | 2 EL frisch geriebener Meerrettich (ersatzweise 4 EL aus dem Glas) | 3 EL Crème fraîche | je 1 Prise Salz, Zucker und weißer Pfeffer | 4 Salatblätter | 4 geräucherte Forellenfilets (etwa 250 g)

1 | Apfel schälen, raspeln, mit Zitronensaft mischen. Den Meerrettich dazugeben. Crème fraîche unterrühren, mit Salz, Zucker und Pfeffer würzen. In ein Schüsselchen füllen. Salat waschen, abtrocknen, auf eine Platte legen. Forellenfilets schräg in drei Teile schneiden und darauf anrichten. Mit Apfel-Meerrettich servieren.

Käseplatte mit Feigensenf

FÜR 8 PERSONEN

➤ 4–5 Sorten Käse am Stück (500–600 g; z. B. 1 Hartkäse, je 1 milder und würziger Weichkäse, 1 Blauschimmelkäse und 1 Ziegenkäse) | Trauben, Feigen, Birnen nach Belieben | 4 EL Feigenmarmelade | 1 EL Dijonsenf | 1 TL Zitronensaft | Pfeffer

1 | Den Käse (er sollte Zimmertemperatur haben) auf einer Platte arrangieren. Nach Belieben mit Früchten garnieren.

2 | Die Feigenmarmelade mit Senf und Zitronensaft verrühren und mit Pfeffer abschmecken. In ein Schälchen füllen und zum Käse servieren.

für Feinschmecker

Mini-Crêpes mit Räucherlachs

FÜR 4 PERSONEN

- **Für die Crêpes:**
  - **3 EL Mehl**
  - **1 Ei (Größe L)**
  - **120 ml Milch**
  - **1 Prise Salz**
  - **20 g Butterschmalz**
- **Für den Belag:**
  - **80 g Frischkäse**
  - **je 1 TL Meerrettich, mittelscharfer Senf und Honig**
  - **1 Prise Salz**
  - **1/2 Bund Dill**
  - **200 g Räucherlachs**

Zubereitung: 30 Min.
Kühlzeit: 30 Min.
Pro Portion ca.: 320 kcal

1 | Für den Teig das Mehl mit Ei, Milch und Salz in einer Schüssel verquirlen und zugedeckt 10 Min. ruhen lassen.

2 | Inzwischen den Frischkäse mit Meerrettich, Senf, Honig und Salz verrühren. Den Dill waschen und trockenschütteln, die Spitzen abschneiden, fein hacken und unter die Creme rühren. Kalt stellen.

3 | Jeweils 1 TL Butterschmalz in einer kleinen Pfanne (20 cm Ø) erhitzen. Aus dem Teig 4 Crêpes backen. Auf einen Teller schichten und etwa 30 Min. auskühlen lassen.

4 | Die Crêpes mit Frischkäsecreme bestreichen und mit Lachs belegen. Eng aufrollen und an den Seiten gerade schneiden. Jeweils in drei Teile schneiden, auf einer Platte anrichten.

gut vorzubereiten

Krabbenterrine

FÜR 6 PERSONEN

- **400 g Krabben (in Salzlake)**
  - **4 Blätter weiße Gelatine**
  - **200 g Sahne**
  - **150 g Crème fraîche**
  - **Salz | weißer Pfeffer**
  - **1 Kästchen Gartenkresse**

Zubereitung: 15 Min.
Kühlzeit: 4 Std.
Pro Portion ca.: 260 kcal

1 | Die Krabben in ein Sieb abgießen und abtropfen lassen. Die schönsten für die Dekoration heraussuchen (etwa 100 g) und kalt stellen. Die Gelatine in kaltem Wasser einweichen.

2 | Die Sahne steif schlagen. Die Krabben mit der Crème fraîche fein pürieren. Die Gelatine ausdrücken, in einem Töpfchen vorsichtig erwärmen, damit sie flüssig wird (nicht kochen lassen!).

3 | Die Gelatine unter die Krabbencreme rühren. Die Sahne unterziehen und mit Salz und Pfeffer würzig abschmecken.

4 | 6 Portionsförmchen (oder Tassen) mit Klarsichtfolie auskleiden. Die Krabbenmasse einfüllen, glatt streichen und 4 Std. kalt stellen.

5 | Zum Servieren die Kresse vom Beet schneiden und eine Platte damit bestreuen. Die Krabbenterrinen mit einem spitzen Messer vom Förmchenrand lösen, aus den Förmchen stürzen, die Folie abziehen und auf die Platte setzen. Mit den restlichen Krabben garnieren.

im Bild vorne: **Mini-Crêpes mit Räucherlachs** *im Bild hinten:* **Krabbenterrine**

frisch | einfach

Tunfisch-Kräuter-Aufstrich

FÜR 6 PERSONEN

- 2 Dosen Tunfisch in Öl (je 140 g Abtropfgewicht)
- Saft von 1/2 Zitrone
- 2 Frühlingszwiebeln
- je 1/2 Bund Minze und Petersilie
- 100 g Kräuterfrischkäse (10 % Fett)
- 2 EL kleine Kapern (aus dem Glas)
- Salz
- Pfeffer, frisch gemahlen

Zubereitung: 20 Min.

Pro Portion ca.: 155 kcal

1 | Den Tunfisch abtropfen lassen, zerpflücken und mit Zitronensaft beträufeln. Die Frühlingszwiebeln putzen, waschen und mit dem zarten Grün sehr fein hacken. Die Kräuter waschen und trockenschütteln, die Blättchen fein hacken.

2 | Frischkäse mit Tunfisch, Kapern, Frühlingszwiebeln und Kräutern verrühren und mit wenig Salz und reichlich Pfeffer abschmecken.

würzig | schnell

Schinken-Rucola-Creme

FÜR 6 PERSONEN

- 2 EL Pinienkerne
- 1 Bund Rucola
- 100 g Serranoschinken
- 250 g Ricotta
- Salz
- Pfeffer, frisch gemahlen

Zubereitung: 15 Min.

Pro Portion ca.: 165 kcal

1 | Die Pinienkerne ohne Fett in einer beschichteten Pfanne goldbraun rösten und vollständig abkühlen lassen.

2 | Den Rucola waschen und trockenschütteln, grobe Stiele entfernen und die Blätter sehr fein schneiden.

3 | Den Schinken vom Fettrand befreien und in sehr feine Streifen schneiden.

4 | Den Ricotta in eine Schüssel geben, Schinken, Rucola und Pinienkerne unterrühren. Mit wenig Salz und viel frisch gemahlenem Pfeffer würzig abschmecken.

mediterran

Ziegenfrischkäsecreme

FÜR 6 PERSONEN

- 1 Knolle junger Knoblauch
- 6 getrocknete Tomaten und 50 ml Einlegeöl
- 1 Zweig frischer Rosmarin
- 300 g Ziegenfrischkäse
- Pfeffer, frisch gemahlen

Zubereitung: 20 Min.

Pro Portion ca.: 290 kcal

1 | Knoblauch in Zehen auflösen. Tomaten fein würfeln. Knoblauch ungeschält mit Tomatenöl in einem kleinen Topf zugedeckt bei schwacher Hitze 10 Min. köcheln lassen. Rosmarin waschen und trockenschütteln, die Nadeln abstreifen und fein hacken.

2 | Knoblauch aus dem Öl fischen. Rosmarin ins Öl geben, 1 Min. köcheln, abkühlen lassen. Frischkäse mit Rosmarin-Öl und Tomatenwürfeln verrühren. Das weiche Fleisch aus den Knoblauchzehen drücken, hacken und ebenfalls unterrühren. Mit Pfeffer abschmecken.

Vorne: Ziegenfrischkäsecreme *Mitte:* Schinken-Rucola-Creme *Hinten:* Tunfisch-Kräuter-Aufstrich

nussig | scharf

Saté-Spießchen mit Erdnuss-Dip

FÜR 4 PERSONEN

➤ **Für die Spießchen:**
1 Zwiebel
1 Knoblauchzehe
je 1 TL Salz und Zucker
1/2 TL Cayennepfeffer
2 EL Sesamöl
1 EL Zitronensaft
500 g mageres Fleisch (Schweinefilet, Lammrückenfilet, Putenbrust)
5 EL Öl

➤ **Für den Dip:**
6 EL Erdnussbutter
2 EL Zitronensaft
4 EL Naturjoghurt
Salz
Cayennepfeffer

➤ **Außerdem:**
24 lange Holzspieße

Zubereitung: 40 Min.
Marinierzeit: 30 Min.
➤ Pro Portion ca.: 450 kcal

1 | Zwiebel und Knoblauch schälen, beides grob hacken. Mit Salz, Zucker, Cayennepfeffer, Sesamöl und Zitronensaft im Mixer oder mit dem Pürierstab fein pürieren.

2 | Das Fleisch quer zur Faser in dünne, etwa 2 cm breite Streifen schneiden. Mit der Würzpaste mischen, zugedeckt 30 Min. ziehen lassen.

3 | Erdnussbutter mit Zitronensaft und Joghurt verquirlen, mit Salz und Cayennepfeffer kräftig würzen.

4 | Die Holzspieße einölen. Jeweils 2–3 Fleischstreifen wellenförmig auf einen Spieß stecken. Je 1 EL Öl erhitzen, die Spieße darin von jeder Seite in 2 Min. goldbraun braten. Warm oder kalt mit Erdnuss-Dip servieren.

gelingt leicht

Zitronenschnitzelchen

FÜR 12 STÜCK

➤ **500 g Schweinefilet**
Salz | Pfeffer
2 unbehandelte Zitronen
100 g Semmelbrösel
3 EL Mehl | 1 Ei
50 g Butterschmalz

Zubereitung: 25 Min.
➤ Pro Stück ca.: 125 kcal

1 | Das Filet in 12 gleich dicke Scheiben schneiden und diese flach drücken oder klopfen. Beidseitig mit etwas Salz und Pfeffer würzen.

2 | Zitronen waschen und abtrocknen. Die Schale von 1 Zitrone abreiben, den Saft auspressen. Zitronenschale mit Semmelbröseln mischen. Das Fleisch mit Zitronensaft beträufeln.

3 | Das Mehl auf einen Teller geben, das Ei in einem tiefen Teller mit 1 TL kaltem Wasser verquirlen, die Bröselmischung auf einen dritten Teller geben.

4 | Die Fleischscheiben mit Küchenpapier abtupfen, im Mehl wenden, durch das Ei ziehen und in den Bröseln wenden. Die Panade etwas andrücken.

5 | Butterschmalz erhitzen und die Schnitzelchen von jeder Seite in 2 Min. goldbraun braten. Auf Küchenpapier abfetten. Auf einer Platte anrichten. Die übrige Zitrone achteln, die Schnitzelchen damit garnieren.

◄ *im Bild vorne:* Saté-Spießchen mit Erdnuss-Dip *im Bild hinten:* Zitronenschnitzelchen für Feinschmecker

Entenbrust-Orangen-Salat

FÜR 6 PERSONEN

- 2 Barbarie-Entenbrüste (je ca. 300 g)
  Cayennepfeffer | Salz
  2 Orangen
  4 Frühlingszwiebeln
  2 EL Walnussöl (ersatzweise Olivenöl)
  Pfeffer, frisch gemahlen

Zubereitung: 25 Min.
Kühlzeit: 30 Min.
Pro Portion ca.: 275 kcal

1 | Entenbrüste waschen, mit Küchenpapier abtrocknen. Die Hautoberfläche rautenförmig einritzen. Die Entenbrüste beidseitig mit Cayennepfeffer einreiben.

2 | Die Entenbrüste mit der Hautseite in eine kalte Pfanne legen und auf mittlere Hitze erwärmen, damit das Entenfett ausbrät und die Haut knusprig braun wird. Nach 6–7 Min. umdrehen und in weiteren 6–7 Min. fertig braten. Salzen und abkühlen lassen.

3 | Orangen so schälen, dass auch die weiße Haut entfernt wird. Die Filets zwischen den Trennhäutchen herausschneiden, dabei den Saft auffangen. Frühlingszwiebeln putzen, waschen, schräg in feine Scheiben schneiden und unter Orangenfilets und -saft mischen. Das Öl unterrühren.

4 | Das lauwarme Fleisch quer zur Faser in etwa 2 mm dünne Scheiben schneiden, dachziegelartig auf einer Platte anrichten. Mit etwas Salz und Pfeffer würzen und die Orangen-Frühlingszwiebel-Mischung darauf verteilen.

fruchtig | frisch

Zucchini-Ananas-Rohkost

FÜR 8 PERSONEN

- 1 kleine Ananas (ersatzweise 1 kleine Dose Ananasstückchen)
  4 EL Cointreau (nach Belieben) | 300 g Zucchini | Salz
  100 g Walnusskerne
  125 g Salatmayonnaise (30 % Fettgehalt)
  125 g Crème fraîche
  1 EL mittelscharfer Senf
  weißer Pfeffer
  500 g junge Möhren
  1 Bund Frühlingszwiebeln

Zubereitung: 40 Min.
Marinierzeit: 2 Std.
Pro Portion ca.: 270 kcal

1 | Die Ananas schälen, von Strunk und Augen befreien, würfeln, nach Belieben mit Cointreau marinieren.

2 | Zucchini waschen, erst längs in Streifen, dann quer in streichholzgroße Stifte schneiden. In ein Sieb geben mit Salz bestreuen und Wasser ziehen lassen. Ein paar Walnüsse beiseite legen, den Rest grob hacken.

3 | Mayonnaise, Crème fraîche und Senf verrühren, mit Salz und Pfeffer würzen. Möhren putzen, schälen und grob raspeln. Frühlingszwiebeln putzen, waschen und schräg in Ringe schneiden. Beides zur Sauce geben.

4 | Zucchini ausdrücken. Mit Ananas und gehackten Walnüssen unterheben. Zugedeckt 2 Std. kalt stellen. Mit übrigen Nüssen garnieren.

im Bild vorne: **Zucchini-Ananas-Rohkost** *im Bild hinten:* **Entenbrust-Orangen-Salat**

kinderleicht

Tomaten mit Ziegenkäse

FÜR 4 PERSONEN

- **4 mittelgroße reife Tomaten**
  Salz
  150 g Ziegenweichkäse (Rolle)
  4 Zweige frischer Oregano (ersatzweise 2 TL getrockneter Oregano)
  2 EL kaltgepresstes Olivenöl
  Pfeffer, frisch gemahlen

Zubereitung: 15 Min.
- Pro Portion ca.: 150 kcal

1 | Die Tomaten waschen, vom Stielansatz befreien, jeweils in 4–5 Scheiben schneiden und leicht salzen. Die Ziegenrolle ebenfalls in Scheiben schneiden. Tomaten- und Käsescheiben im Wechsel dachziegelartig auf einer Platte anrichten.

2 | Den Oregano waschen, die Blättchen abzupfen, grob hacken und über Tomaten und Käse streuen. Mit Öl beträufeln und mit etwas Pfeffer übermahlen.

TIPP Wer es milder bevorzugt, greift zum bewährten Klassiker und nimmt statt Ziegenkäse und Oregano Mozzarella und Basilikum.

würzig | frisch

Mozzarella-Tomaten-Spieße

FÜR 8 SPIESSE

- **Für das Pistazienpesto:**
  je 1/2 Bund Rucola und Petersilie
  30 g Pistazien
  3 EL Olivenöl
  30 g Parmesan, frisch gerieben
  Salz
  Pfeffer, frisch gemahlen
- **Für die Spieße:**
  24 Mini-Mozzarellakugeln (2 x 125 g)
  16 Kirschtomaten
  8 lange Holzspieße

Zubereitung: 20 Min.
Marinierzeit: 4 Std.
- Pro Spieß ca.: 130 kcal

1 | Rucola und Petersilie waschen und trockenschütteln, grobe Stiele entfernen. Die Kräuter mit Pistazien, Öl und Parmesan im Mixer oder mit dem Pürierstab pürieren. Das Pesto mit Salz und Pfeffer würzig abschmecken.

2 | Die Mozzarellakugeln in ein Sieb abgießen und abtropfen lassen. Die Kugeln mit dem Pesto in eine Kunststoffdose mit Deckel geben und diese kräftig rütteln, bis die Mozzarellakugeln mit dem Pesto umhüllt sind. Im Kühlschrank 4 Std. marinieren.

3 | Die Kirschtomaten waschen. Je 3 Mozzarellakugeln und 2 Kirschtomaten abwechselnd auf die langen Holzspieße stecken.

TIPP Die Mozzarellakugeln mit Pesto halten im Kühlschrank einige Tage, lassen sich also prima vorbereiten.

im Bild vorne: **Mozzarella-Tomaten-Spieße** *im Bild hinten:* **Tomaten mit Ziegenkäse**

fruchtig | vegetarisch

Wraps mit zwei Füllungen

FÜR JE 8 WRAPS

- **Für die Wraps:**
  - 400 g Mehl | 1 TL Salz
  - 60 g weiches Butterschmalz
  - Mehl für die Arbeitsfläche
- **Für die Hähnchenfüllung:**
  - 2 Hähnchenbrustfilets (à 150 g)
  - 2 TL Cayennepfeffer
  - 1 Knoblauchzehe
  - 2 EL Sesamöl | 1 EL Honig
  - 1 rote Paprikaschote
  - 2 Frühlingszwiebeln
  - 2 EL Öl | Salz
  - 4 Blätter Kopfsalat
  - 1 reife Mango (ersatzweise 2 Nektarinen)
- **Für die Avocadofüllung:**
  - 2 Fleischtomaten
  - 1 reife Avocado
  - Saft von 1 Zitrone
  - 4 EL Sprossen
  - 2 EL Olivenöl | Salz | Pfeffer
  - 50 g Feldsalat
  - 50 g geröstete, gesalzene Cashewkerne

Zubereitung: je 50 Min.
- Mit Hähnchenfüllung pro Stück ca.: 335 kcal
- Mit Avocado-Füllung pro Stück ca.: 310 kcal

1 | Mehl auf die Arbeitsfläche sieben. Mit Salz, dem Butterschmalz und 5–6 EL Wasser zu einem festen Teig verkneten. Zugedeckt etwa 30 Min. ruhen lassen.

2 | Für die Hähnchenfüllung das Fleisch in Streifen schneiden und mit Cayennepfeffer würzen. Knoblauch schälen und fein hacken. Fleisch in einer Schüssel mit Knoblauch, Sesamöl und Honig mischen, zugedeckt 15 Min. marinieren.

3 | Paprikaschote halbieren, putzen, waschen und in Streifen schneiden. Frühlingszwiebeln putzen waschen und schräg in Scheiben schneiden. Öl erhitzen, das Fleisch darin in 5 Min. von allen Seiten goldbraun braten. Paprika und Frühlingszwiebeln dazugeben, 2 Min. mitbraten, salzen. Salatblätter waschen und abtropfen lassen. Mango schälen, das Fruchtfleisch vom Stein und in Spalten schneiden.

4 | Für die Avocadofüllung die Tomaten waschen und würfeln. Avocado schälen, vom Kern befreien, würfeln und mit Zitronensaft mischen. Die Sprossen waschen und abtropfen lassen. Tomaten, Avocado, Sprossen und Öl mischen, salzen und pfeffern. Feldsalat putzen, waschen und abtropfen lassen. Cashewkerne grob hacken.

5 | Teig in 8 Teile teilen, auf der bemehlten Arbeitsfläche jeweils zu einem dünnen Fladen von etwa 25 cm Ø ausrollen.

6 | Eine Pfanne ohne Fett erhitzen, die Fladen darin von jeder Seite bei mittlerer Hitze 1–2 Min. backen, entstehende Blasen flach drücken. Auf einen Teller schichten und mit einem feuchten Tuch abdecken, damit die Wraps formbar werden.

7 | Die Wraps erwärmen, je 4 mit Salat und einer Füllung belegen. Die rechte Seite etwa 5 cm über die Füllung klappen (ergibt den Boden), dann von vorne aufrollen. Mit Serviette oder Pergamentpapier umwickeln.

- Variante: Noch einfacher geht es mit fertig gekauften Wraps, die nur im vorgeheizten Backofen erwärmt werden müssen.

vegetarisch

Spargelquiche

FÜR 1 SPRINGFORM VON 28 CM Ø (10 STÜCKE)

- **Für den Teig:**
  250 g Mehl
  1 Ei | 1 Eigelb | Salz
  100 g kalte Butter
- **Für den Belag:**
  1 kg weißer Spargel
  30 g Butter | Zucker
  1 Bund Basilikum
  50 g geraspelter junger Gouda (Kühlregal)
- **Für den Guss:**
  2 Eier | 125 g Crème fraîche
  Muskatnuss, frisch gerieben

Zubereitung: 40 Min.
Ruhezeit: 30 Min.
Backzeit: ca. 45 Min.
- Pro Stück ca.: 290 kcal

1 | Mehl auf die Arbeitsfläche sieben. Ei, Eigelb, 1 Prise Salz und Butter in kleinen Würfeln unterkneten. In Folie gewickelt 30 Min. kalt stellen.

2 | Spargel schälen, von den holzigen Enden befreien, schräg in etwa 3 cm lange Stücke schneiden. Butter erhitzen. Spargel mit je 2 Prisen Salz und Zucker darin 5 Min. braten. In einem Sieb abkühlen lassen. Basilikum waschen und grob zerzupfen.

3 | Ofen auf 180° vorheizen. Den Teig etwas größer als die Form ausrollen, in die Form geben, dabei einen etwa 2 cm hohen Rand formen. Den Teig mehrfach einstechen, mit Gouda bestreuen. Spargel und Basilikum mischen und darauf verteilen.

4 | Eier und Crème fraîche verquirlen, mit Salz und Muskat würzen. Gleichmäßig über den Spargel gießen. Im Ofen (Mitte, Umluft 160°) in 45 Min. goldgelb backen.

gelingt leicht

Schinken-Käse-Bonbons

FÜR 12 STÜCK

- **450 g TK-Blätterteig (6 rechteckige Scheiben)**
  6 Scheiben gekochter Schinken (ca. 100 g)
  3 Scheiben Käse (ca. 60 g, z. B. Gouda)
  1 Eigelb
  50 g geraspelter Käse (Kühlregal)
  Mehl für die Arbeitsfläche

Zubereitung: 20 Min.
Backzeit: ca. 25 Min.
- Pro Stück ca.: 190 kcal

1 | Teig auftauen lassen. Ofen auf 200° vorheizen. Ein Backblech mit Backpapier belegen.

2 | Teigscheiben halbieren und zu Quadraten ausrollen. Jeweils so mit 1/2 Schinkenscheibe und 1/4 Käsescheibe belegen, dass ein etwa 3 cm breiter Rand frei bleibt. Aufrollen und an den Seiten so eindrehen, dass die Teilchen wie Bonbons aussehen. Mit der Nahtstelle nach unten auf das Blech setzen.

3 | Das Eigelb verrühren, die Bonbons damit bestreichen. Mit Käse bestreuen und im Ofen (Mitte, Umluft 180°) in 25 Min. goldbraun backen.

- Varianten: Zum Füllen eignen sich z. B. auch Schafkäse, getrocknete Tomaten und Pinienkerne oder Parmaschinken, Mozzarella und Rucola.

◄ *im Bild vorne:* Schinken-Käse-Bonbons *im Bild hinten:* Spargelquiche

Spezialität aus Spanien

Kartoffel-Tortilla

FÜR 10 STÜCKE

- 3 große fest kochende Kartoffeln (etwa 600 g)
  1 Knoblauchzehe
  3 Frühlingszwiebeln
  6 Eier | Salz
  Cayennepfeffer
  Öl zum Braten

Zubereitung: 40 Min.
- Pro Stück ca.: 125 kcal

1 | Kartoffeln schälen und in Pommes-frites-Form schneiden. Knoblauch schälen und fein hacken. Frühlingszwiebeln putzen, waschen und in feine Scheiben schneiden.

2 | In einer Pfanne (28 cm Ø) etwa 3 cm hoch Öl erhitzen. Kartoffeln hineingeben und bei mittlerer Hitze 7 Min. braten. Knoblauch und Frühlingszwiebeln zufügen und 2 Min. weiterbraten, bis die Kartoffeln weich, aber nicht braun sind. Durch ein Sieb abgießen, Öl auffangen (und wiederverwenden). Die Kartoffeln salzen.

3 | In der Pfanne 2 EL Öl erhitzen. Eier mit je 1 Prise Salz und Cayennepfeffer leicht verschlagen, Kartoffeln unterrühren. In die Pfanne geben, bei schwacher Hitze in 5 Min. stocken und goldbraun werden lassen. Tortilla mit Hilfe eines flachen Deckels wenden. In 5 Min. fertig braten. Auf eine Platte stürzen und in Stücke schneiden. Kalt oder warm servieren.

saftig | nussig

Zucchinikuchen

FÜR 1 BLECH CA. 25 X 40 CM (12 STÜCKE)

- Für den Teig:
  250 g Weizenmehl
  200 g Buchweizenmehl
  2 Eier
  2 Eigelbe
  Salz | 200 g kalte Butter
  Mehl für die Arbeitsfläche
- Für den Belag:
  1 kg kleine Zucchini
  Salz
  2 Zweige frischer Rosmarin
  Pfeffer, frisch gemahlen
  10–12 Kirschtomaten
  4 Eier | 200 g Sahne
  50 g geraspelter Käse (z. B. Gouda; Kühlregal)

Zubereitung: 1 Std.
Ruhezeit: 30 Min.
Backzeit: ca. 45 Min.
- Pro Stück ca.: 380 kcal

1 | Beide Mehlsorten durchsieben. Mit Eiern, Eigelben, 1 kräftigen Prise Salz und Butter in kleinen Würfeln zu einem festen Teig verkneten. Zugedeckt 30 Min. kalt stellen.

2 | Zucchini waschen, putzen, in feine Scheiben hobeln. 1 l Wasser mit 2 EL Salz aufkochen lassen, Zucchini damit kurz überbrühen, abgießen und abkühlen lassen.

3 | Ofen auf 200° vorheizen. Teig etwas größer als das Blech ausrollen, aufs Blech legen, dabei einen etwa 3 cm hohen Rand formen. Rosmarin fein hacken, darüber streuen. Zucchini darauf geben, kräftig pfeffern. Tomaten waschen und dazwischen setzen.

4 | Eier und Sahne verquirlen, salzen und pfeffern. Über den Kuchen gießen, mit dem Käse bestreuen. Im Ofen (Mitte, Umluft 180°) 45 Min. backen.

im Bild vorne: Zucchinikuchen *im Bild hinten:* Kartoffel-Tortilla ➤

Warmes

Ein gemütlicher Brunch dehnt sich traditionell bis in den Nachmittag hinein aus, deshalb sollten Sie Ihren Gästen neben kalten Leckereien auch etwas Warmes anbieten. Damit Sie dabei nicht ins Schwitzen geraten, finden Sie in diesem Kapitel ausschließlich Rezepte für feine Kleinigkeiten, die entweder schnell zubereitet sind oder sich gut vorbereiten und später in den Backofen schieben lassen.

Blitzrezepte

Walnussmedaillons

FÜR 4 PERSONEN

➤ 1 Bund Petersilie | 1 Scheibe Toastbrot | 50 g Walnusskerne | 2 EL frisch geriebener Parmesan | 3 EL Olivenöl 1 frisches Eiweiß | Salz | Pfeffer 400 g Schweinefilet

1 | Petersilie waschen, fein hacken. Toastbrot zerbröseln, Walnüsse hacken. Alles mit Parmesan, 1 EL Öl und Eiweiß verrühren, salzen, pfeffern. Ofen auf 220° vorheizen. Filet in 8 Scheiben schneiden, etwas flach drücken. Übriges Öl erhitzen, die Scheiben darin von jeder Seite 1 Min. anbraten, salzen und pfeffern. In eine feuerfeste Form geben, jedes Medaillon mit Walnusspaste bestreichen. Im Ofen (oben, Grill) 5–6 Min. überbacken.

Lachsfilet mit Schinken

FÜR 4 PERSONEN

➤ 1/2 Bund Zitronenthymian (ersatzweise anderer Thymian) | Schale und Saft von 1/2 unbehandelten Zitrone 4 EL Olivenöl | Pfeffer | 4 Lachsfilets (à 120 g) | 8 Scheiben Parmaschinken

1 | Thymian waschen und die Blättchen grob hacken. Mit Zitronenschale, -saft, Öl und etwas Pfeffer mischen. Den Backofen auf 200° vorheizen. Lachsfilets waschen und mit Küchenpapier abtrocknen. Mit der Thymianmarinade einreiben, mit je 2 Schinkenscheiben umwickeln und nebeneinander in eine feuerfeste Form legen. Mit der übrigen Marinade beträufeln. Im Ofen (Mitte, Umluft 180°) 15 Min. backen.

klein aber fein

Florentiner Tasseneier

FÜR 6 PERSONEN

- **250 g frischer Blattspinat**
- **1 Knoblauchzehe**
- **2 EL Olivenöl**
- **Salz | Pfeffer**
- **2 Tomaten**
- **6 Eier | 150 g Sahne**
- **3 EL frisch geriebener Pecorino (ersatzweise Parmesan)**
- **Muskatnuss, frisch gerieben**
- **Olivenöl für die Tassen**

Zubereitung: 25 Min.
Backzeit: ca. 20 Min.
Pro Portion ca.: 220 kcal

1 | Spinat waschen, von groben Stielen befreien und abtropfen lassen. Knoblauch schälen und fein hacken. Öl erhitzen, Spinat und Knoblauch darin 3 Min. braten, bis der Spinat zusammengefallen ist. Mit Salz und Pfeffer würzen, beiseite stellen.

2 | Stielansätze der Tomaten entfernen. Tomaten überbrühen, häuten und quer halbieren. Kerne herausdrücken, Fruchtfleisch klein würfeln, unter den Spinat mischen. Ofen auf 180° vorheizen. 6 feuerfeste Tassen (oder Förmchen) einfetten. Spinatmischung hineinfüllen, je eine Mulde eindrücken. In jede Mulde 1 Ei schlagen.

3 | Sahne und Käse verrühren, mit Muskat würzen. Sahne-Käse-Mischung jeweils über Spinat und Ei verteilen. Auf dem Rost im Ofen (Mitte, Umluft 160°) 20 Min. stocken lassen.

Klassiker auf neue Art

Tomaten-Rührei mit Basilikum

FÜR 4 PERSONEN

- **6 Eier | 1 EL Sesamöl**
- **Salz | Cayennepfeffer**
- **2 Tomaten**
- **2 Zweige Basilikum**
- **30 g Butter**

Zubereitung: 15 Min.
Pro Portion ca.: 210 kcal

1 | Eier und Öl verquirlen, mit je 1 kräftigen Prise Salz und Cayennepfeffer würzen.

2 | Stielansätze der Tomaten entfernen. Tomaten kurz überbrühen, häuten, quer halbieren und die Kerne herausdrücken, das Fruchtfleisch klein würfeln. Basilikum waschen und trockenschütteln, die Blättchen in Streifen schneiden.

3 | Butter in einer großen beschichteten Pfanne schmelzen. Tomaten zugeben und 1 Min anbraten. Eier hineingießen und stocken lassen. Mit einem Holzspatel zusammenschieben, wieder stocken lassen und zusammenschieben. Das Rührei muss glänzend gelb und noch etwas feucht sein. Basilikum unterheben und sofort servieren.

Varianten: Für **Kräuter-Rührei** statt der Tomatenwürfel 1 fein gewürfelte Schalotte in der Butter anbraten und 4 EL gehackte Kräuter (Kerbel, Minze, Schnittlauch, Petersilie) unter das fertige Rührei heben. Für **Krabben-Rührei** 2 Min. vor Schluss 150 g gut abgetropfte Shrimps und etwas gehackten Dill zum Rührei geben.

im Bild vorne: **Florentiner Tasseneier** *im Bild hinten:* **Tomaten-Rührei mit Basilikum**

vegetarisch

Gemüsestrudel mit Paprikasauce

FÜR 6 PERSONEN

➤ **Für den Teig:**
250 g Mehl | Salz
4 EL Öl
1 Eigelb zum Bestreichen
Mehl für die Arbeitsfläche

➤ **Für die Füllung:**
2 Knoblauchzehen
1 Stück frischer Ingwer (etwa 5 cm)
250 g Spitzkohl
250 g Möhren
250 g Brokkoliröschen
1 Bund Frühlingszwiebeln
50 g Walnusskerne
4 EL Öl | Salz | Pfeffer

➤ **Für die Sauce:**
je 2 rote und gelbe Paprikaschoten
4 EL Olivenöl
2 TL Zitronensaft
Salz | Cayennepfeffer

Zubereitung: 1 Std. 20 Min.
Ruhezeit: 30 Min.
Backzeit: ca. 30 Min.
➤ Pro Portion ca.: 430 kcal

1 | Mehl, Salz und 2 EL Öl auf die Arbeitsfläche geben. Nach und nach 1/8 l lauwarmes Wasser untermischen und 10 Min. kneten. Zu einer Kugel formen, eine angewärmte Schüssel darüber stülpen, 30 Min. ruhen lassen.

2 | Knoblauch und Ingwer schälen, fein hacken. Spitzkohl vierteln, vom Strunk befreien, in feine Streifen hobeln. Möhren schälen und in feine Stifte schneiden. Brokkoliröschen waschen und längs in etwa 1 mm dünne Scheiben schneiden. Frühlingszwiebeln putzen, waschen, in Scheiben schneiden. Nüsse hacken.

3 | Öl erhitzen. Knoblauch und Ingwer darin 2 Min. anbraten. Spitzkohl, Möhren und Brokkoli hinzufügen, 2 Min. unter Rühren braten. Frühlingszwiebeln und Walnüsse unterrühren, salzen und pfeffern. Abkühlen lassen.

4 | Ofen auf 250° vorheizen. Paprikaschoten halbieren, putzen und waschen. Mit den Schnittflächen auf ein Blech setzen. Unter dem Grill (oben) 12–15 Min. grillen, bis die Haut Blasen bekommt. Herausnehmen und 2 Min. mit einem feuchten Tuch bedecken. Ofen auf 180° zurückstellen. Paprikaschoten häuten. Gelbes und rotes Paprikafleisch getrennt mit je 2 EL Öl und 1 TL Zitronensaft pürieren und mit Salz und Cayennepfeffer würzen.

5 | Ein Küchentuch mit Mehl bestäuben. Den Teig zu einem Rechteck ausrollen, mit 2 EL Öl einpinseln. Handrücken bemehlen, unter den Teig schieben und von der Mitte nach außen dünn ausziehen. Auf das Küchentuch legen, dicke Teigränder abschneiden.

6 | Füllung an der Längsseite des Rechtecks aufhäufen. Mit dem Tuch den Teig über die Füllung rollen, kurze Seiten dabei einschlagen. Den Strudel auf ein mit Backpapier belegtes Blech legen, mit Eigelb bepinseln, im Ofen (Mitte, Umluft 160°) 30 Min. backen. In Stücke schneiden und mit der gelben und roten Paprikasauce servieren.

schmeckt auch kalt

Hähnchenbrust mit Mango

FÜR 6 PERSONEN

- **1 reife Mango**
  1 EL Zitronensaft
  1 Bund Frühlingszwiebeln
  4 EL Mangochutney (aus dem Glas)
  6 große Hähnchenbrüste (à 150 g)
  Salz | Cayennepfeffer
  2 EL Öl
  1/4 l Weißwein (ersatzweise heller Traubensaft)
- **Außerdem: kleine Holzspießchen**

Zubereitung: 30 Min.
Garzeit: 20 Min.
Pro Portion ca.: 270 kcal

1 | Die Mango schälen, das Fruchtfleisch vom Kern schneiden und klein würfeln. Mit Zitronensaft beträufeln. Frühlingszwiebeln putzen, waschen und mit dem zarten Grün klein schneiden. Mango und Frühlingszwiebeln mit dem Mangochutney mischen.

2 | Hähnchenbrüste abwaschen und mit Küchenpapier abtrocknen. In den dicken Teil je eine Tasche einschneiden und aufklappen. Hähnchenbrüste innen und außen mit Salz und Cayennepfeffer würzen. Je 1 EL der Mangomischung in die Taschen geben und die Öffnung mit Holzspießchen verschließen.

3 | Öl erhitzen und die Hähnchenbrüste darin von beiden Seiten jeweils in 2 Min. goldbraun anbraten. Den Wein angießen und zugedeckt bei mittlerer Hitze 15 Min. köcheln lassen.

4 | Übrige Mangomischung zur Sauce geben, 3 Min. darin erwärmen. Hähnchenbrüste mit der Sauce servieren.

gelingt leicht

Gratinierte Kalbsschnitzel

FÜR 4 PERSONEN

- **4 Kalbsschnitzel (à 120 g)**
  Salz | Pfeffer
  2 EL Mehl
  30 g Butterschmalz
  2 kleine reife Birnen (ersatzweise 4 Birnenhälften aus der Dose)
  1 EL Zitronensaft
  120 g Camembert
  4 EL Preiselbeeren (aus dem Glas)

Zubereitung: 20 Min.
Backzeit: ca. 10 Min.
Pro Portion ca.: 345 kcal

1 | Die Kalbsschnitzel salzen, pfeffern und im Mehl wenden. Das Butterschmalz erhitzen, die Schnitzel darin bei mittlerer Hitze von beiden Seiten je 2 Min. braten. Nebeneinander in eine feuerfeste Form legen.

2 | Ofen auf 200° vorheizen. Die Birnen schälen, halbieren, vom Kerngehäuse befreien und mit Zitronensaft beträufeln. Die Birnenhälften längs in Spalten schneiden und auf die Schnitzel legen. Den Käse in Scheiben schneiden und auf den Schnitzeln verteilen. Im Ofen (oben, Grill) 10 Min. gratinieren, bis der Käse geschmolzen ist. Mit je 1 EL Preiselbeeren garnieren.

- Variante: Die Kalbsschnitzel schmecken auch mit Pfirsichspalten und Gouda überbacken fein.

im Bild vorne: Gratinierte Kalbsschnitzel *im Bild hinten:* Hähnchenbrust mit Mango

macht was her

Schweinefilet im Blätterteig

FÜR 6 PERSONEN

- **450 g TK-Blätterteig (4 extragroße Scheiben)**
  600 g Schweinefilet (2 Stücke à 300 g aus der Mitte)
  Pfeffer, frisch gemahlen
  2 EL mittelscharfer Senf
  2 Knoblauchzehen | 2 EL Öl
  Salz | 1 Eigelb
  Mehl für die Arbeitsfläche

Zubereitungszeit: 20 Min.
Backzeit: ca. 25 Min.
Pro Portion ca.: 450 kcal

1 | Die Blätterteigscheiben nebeneinander legen und auftauen lassen. Das Fleisch kräftig pfeffern und mit dem Senf einreiben. Den Knoblauch ungeschält zerdrücken.

2 | Das Öl in einer Pfanne erhitzen, den Knoblauch dazugeben. Das Fleisch darin von allen Seiten goldbraun anbraten, leicht salzen.

3 | Backofen auf 200° vorheizen. Ein Blech mit Backpapier belegen. Je 2 Blätterteigscheiben auf einer bemehlten Arbeitsfläche übereinander legen und auf etwa 20 x 30 cm ausrollen. Jeweils 1 Filet darin einwickeln, dabei die Seiten einschlagen und andrücken. Mit der Nahtstelle nach unten auf das Blech legen.

4 | Eigelb verrühren und die Oberflächen damit bepinseln. Im Backofen 25 Min. backen (Mitte, keine Umluft). Vor dem Anschneiden 5 Min. ruhen lassen.

kalorienarm

Hähnchenbrust mit Salsa verde

FÜR 4 PERSONEN

- **1/2 l Gemüsebrühe**
  1/2 l Weißwein (ersatzweise Brühe)
  Salz
  1 Lorbeerblatt
  1 rote Chilischote
  4 kleine Hähnchenbrüste (à 120 g)
- **Für die Salsa verde:**
  2 Bund gemischte Kräuter (z. B. Petersilie, Minze, Basilikum und Zitronenmelisse)
  2 EL Kapern
  4 Sardellen (in Öl)
  2 EL Weißweinessig
  2 EL kaltgepresstes Olivenöl | Salz | Pfeffer

Zubereitung: 30 Min.
Pro Portion ca.: 300 kcal

1 | Brühe und Wein mit 1/2 TL Salz und dem Lorbeerblatt in einem Topf zum Kochen bringen. Die Chilischote waschen und hinzufügen. Die Hähnchenbrüste einlegen und bei schwacher Hitze in 20 Min. gar ziehen lassen.

2 | Kräuter waschen und trockenschütteln, die Blättchen fein hacken. Kapern und Sardellen ebenfalls fein hacken. Alles mit Essig und Öl verrühren und mit Salz und Pfeffer abschmecken.

3 | Hähnchenbrüste aus der Brühe heben, quer zur Faser in Scheiben schneiden und mit der Salsa verde servieren.

TIPP
Statt Hähnchenbrust können Sie 2 Lammrückenfilets (je etwa 250 g) in dem Weinsud pochieren. Der Sud lässt sich einfrieren und als Basis für feine Saucen verwenden.

im Bild vorne: Hähnchenbrust mit Salsa verde *im Bild hinten:* Schweinefilet im Blätterteig

vegetarisch

Nuss-Lasagne

FÜR 12 PERSONEN

➤ **1 kg Möhren**
1 kg kleine Zucchini
100 g Butter | 1 l Milch
100 g Kapern | 50 g Mehl
100 g gemahlene Haselnüsse
1/2 l Gemüsebrühe
Salz | weißer Pfeffer
500 g Lasagneblätter (ohne Vorkochen)
100 g Haselnussblättchen

Zubereitung: 1 Std.
Backzeit: ca. 50 Min.
➤ Pro Portion ca.: 430 kcal

1 | Möhren schälen, mit dem Schäler längs in dünne Streifen hobeln. Zucchini waschen, putzen, ebenso fein hobeln.

2 | Eine Form (ca. 25 x 35 cm) mit etwas Butter einfetten. Milch und übrige Butter zum Kochen bringen. Hälfte der Kapern fein hacken. Mehl und gemahlene Nüsse einstreuen und mit dem Pürierstab untermixen. Brühe hinzufügen, 5 Min. unter Rühren köcheln lassen. Kapern dazugeben. Kräftig mit Salz und Pfeffer abschmecken.

3 | Ofen auf 180° vorheizen. Eine Schicht Nudelblätter in die Form legen, die Hälfte der Möhren darauf geben. Mit einem Viertel der Sauce begießen, darauf Nudelblätter, die Hälfte der Zucchini legen, mit Sauce begießen, bis die Zutaten aufgebraucht sind. Mit Zucchini und Sauce abschließen. Nussblättchen und übrige Kapern darüber streuen. Im Ofen (Mitte, Umluft 160°) 50 Min. backen. 10 Min. abgedeckt ruhen lassen.

für Feinschmecker

Cannelloni

FÜR 4 PERSONEN

➤ **2 kleine Saiblingsfilets (à 200 g; oder Lachsfilets)**
2 EL Zitronensaft
4 Möhren | 250 g Spargel
4 Frühlingszwiebeln
30 g Butter
Salz | weißer Pfeffer
8 Lasagneblätter
1/2 Bund Estragon
200 g Crème fraîche
2 EL mittelscharfer Senf
Butter für die Form

Zubereitung: 1 Std.
Backzeit: ca. 20 Min.
➤ Pro Portion ca.: 500 kcal

1 | Fisch halbieren, mit Zitronensaft beträufeln. Gemüse waschen, putzen bzw. schälen. Möhren und Spargel mit dem Schäler in dünne Längsstreifen hobeln. Frühlingszwiebeln längs vierteln.

2 | Jeweils 10 g Butter erhitzen, Gemüse darin nacheinander in 3–4 Min. bissfest dünsten, salzen und pfeffern. Salzwasser zum Kochen bringen. Lasagneblätter darin bissfest kochen, abtropfen lassen. Estragon waschen, Blättchen abzupfen.

3 | Ofen auf 200° vorheizen. Eine feuerfeste Form einfetten. Crème fraîche, Senf und 1 Prise Salz verrühren. Je 2 Nudelblätter überlappend auslegen. Gemüse und Fisch darauf verteilen, je 1 EL Senfcreme und ein Viertel der Estragonblätter darauf geben und aufrollen. Röllchen in die Form legen, mit übriger Senfcreme bestreichen. Im Backofen (Mitte, Umluft 180°) 18–20 Min. backen.

im Bild vorne: **Cannelloni** *im Bild hinten:* **Nuss-Lasagne** ➤

Vorschläge für Brunchbüfetts

6 Personen

So kombinieren Sie:

Krabbenterrine 30

Tomaten-Rührei mit Basilikum 48

Serranoschinken und Chilibutter 9

Zucchini-Ananas-Rohkost 36

Kokos-Limetten-Muffins 14

Schweinefilet im Blätterteig 54

12 Brötchen, 6 Croissants

Obstkorb mit gewaschenen Früchten

Konfitüren und Honig

Am Vorabend vorbereiten:

Krabbenterrine und Chilibutter zubereiten

Morgens erledigen:

1. Muffins backen
2. Rohkost zubereiten
3. Schweinefilet vorbereiten, in Blätterteig hüllen und für später auf das Blech setzen
4. Schinkenplatte mit Chilibutter anrichten (mit Folie abdecken)
5. Krabbenterrine auf einer Platte anrichten (mit Folie abdecken)
6. Tomaten für das Rührei vorbereiten, alle übrigen Zutaten bereitstellen
7. Brötchen und Croissants in Brotkörbe geben
8. Kaffee und Tee kochen, Saft in Krüge füllen

Wenn alle Gäste da sind:

9. Tomatenrührei zubereiten
10. Schweinefilet im Blätterteig backen

8 Personen

So kombinieren Sie:

Bagels 8

3–4 Beläge nach Wahl, z. B. Räucherlachs und Kresse, Shrimps und Zitronenbutter, Putenbrust und Mangobutter 9

Käseplatte mit Feigensenf 29

Knuspermüsli 13

Obstsalat mit Walnüssen 20

Himbeer-Trifle 24

Cannelloni 56

Verschiedene Brotsorten und Croissants

Am Vorabend vorbereiten:

Buttermischungen für die Bagels

Feigensenf

Knuspermüsli

Himbeer-Trifle (mit Folie abgedeckt in den Kühlschrank stellen)

Morgens erledigen:

1. Bagels backen
2. Cannelloni vorbereiten und in die Form füllen
3. Obstsalat schnippeln
4. Käseplatte und Beläge für die Bagels anrichten
5. Bagels in Brotkörbe geben
6. Kaffee und Tee kochen, Saft in Krüge füllen

Wenn alle Gäste da sind:

7. Cannelloni in den Backofen schieben

mit den Rezepten des Buches

12 Personen

So kombinieren Sie:

Mini-Crêpes mit Räucherlachs 30 (2 x)
Zitronenschnitzelchen 35 (2 x)
Tomaten mit Ziegenkäse 38 (2 x)
Schokocreme mit Cassis-Beeren 20 (2 x)
Nuss-Lasagne 56
300 g Schinken, Salami und Frischwurst
500 g verschiedene Käsesorten am Stück
24–30 Brötchen, 8 Croissants

Am Vorabend vorbereiten:

Schokocreme zubereiten und Cassis-Beeren marinieren

Morgens erledigen:

1. Mini-Crêpes backen
2. Zitronenschnitzelchen panieren und braten
3. Mini-Crêpes füllen
4. Nuss-Lasagne vorbereiten
5. Tomaten mit Ziegenkäse anrichten
6. Schinken, Wurst und Käse auf Platten verteilen
7. Schokocreme mit Cassis-Beeren in Gläser schichten
8. Brötchen und Croissants in Brotkörbe geben
9. Kaffee und Tee kochen, Saft in Krüge füllen

Wenn alle Gäste da sind:

10. Nuss-Lasagne backen

20 Personen

So kombinieren Sie:

Räucherforellen mit Apfel-Meerrettich 29 (3 x)
Entenbrust-Orangen-Salat 36 (3 x)
Schinken-Rucola-Creme 32 (2 x)
Ziegenfrischkäsecreme 32 (2 x)
Zucchinikuchen 44
Profiteroles-Turm 24
Obstsalat mit Walnüssen 20 (2 x)
Gratinierte Kalbsschnitzel 52 (je 10 Stück mit Birne und Camembert bzw. Pfirsich und Gouda)

Am Vorabend vorbereiten:

Entenbrüste braten, in Alufolie kalt stellen
Aufstriche zubereiten, zugedeckt kalt stellen

Morgens erledigen:

1. Zucchinikuchen backen
2. Profiteroles backen
3. Entenbrust-Orangen-Salat anrichten
4. Apfel-Meerrettich zubereiten und mit den Räucherforellen anrichten
5. Profiteroles füllen und den Turm aufschichten
6. Schnitzel braten, auf zwei gefettete Bleche legen, je 10 mit Birne und Camembert bzw. mit Pfirsich und je 1 Scheibe Gouda belegen
7. Obstsalat schnippeln
8. Brötchen und Croissants in Brotkörbe geben
9. Kaffee und Tee kochen, Saft in Krüge füllen

Wenn alle Gäste da sind:

10. Schnitzel im vorgeheizten Ofen gratinieren

Zum Gebrauch
Damit Sie Rezepte mit bestimmten Zutaten noch schneller finden können, stehen in diesem Register zusätzlich auch beliebte Zutaten wie **Eier** oder **Nüsse** – ebenfalls geordnet und **halbfett** gedruckt – über den entsprechenden Rezepten.

A

B

C/E

F/G

H/I

K

Die Autorin

Margit Proebst studierte Kunstgeschichte und Philosophie in München. Daneben baute sie einen kleinen Partyservice auf, und von Zeit zu Zeit übernimmt sie Aufträge als Foodstylistin. Seit 1999 arbeitet sie als Kochbuchautorin in München.

Der Fotograf

Michael Brauner arbeitete nach Abschluss der Fotoschule in Berlin als Fotoassistent bei namhaften Fotografen, bevor er sich 1984 selbstständig machte. In seinem Studio in Karlsruhe setzt er die Rezepte zahlreicher GU-Titel stimmungsvoll ins Bild.

Bildnachweis

Titelbild: Jörn Rynio, Hamburg
alle anderen: Michael Brauner

Gedruckt auf Multiart matt 130 g/qm holzfrei matt gestrichen Bilderdruck, made by StoraEnso, geliefert von der Papier Union

Hinweis

Die Temperaturstufen bei Gasherden variieren von Hersteller zu Hersteller. Welche Stufe Ihres Herdes der jeweils angegebenen Temperatur entspricht, entnehmen Sie bitte der Gebrauchsanweisung.

Programmleitung:
Doris Birk
Leitende Redakteurin:
Birgit Rademacker
Redaktion: Tanja Dusy
Lektorat: Redaktionsbüro Maryna Zimdars, München
Layout, Typografie und Umschlaggestaltung:
Independent Medien Design, München
Satz: Verlagssatz Lingner
Herstellung: Martina Müller
Reproduktion:
Repro Ludwig, Zell am See
Druck: Appl, Wemding
Bindung: Sellier, Freising

ISBN(10) 3-7742-6884-3
ISBN(13) 978-3-7742-6884-5

Auflage	5.	4.	3.	2.
Jahr	2009	08	07	06

GRÄFE UND UNZER
Ein Unternehmen der
GANSKE VERLAGSGRUPPE

Das Original mit Garantie

Ihre Meinung ist uns wichtig. Deshalb möchten wir Ihre Kritik, gerne aber auch Ihr Lob erfahren. Um als führender Ratgeberverlag für Sie noch besser zu werden. Darum: Schreiben Sie uns! Wir freuen uns auf Ihre Post und wünschen Ihnen viel Spaß mit Ihrem GU-Ratgeber.

Unsere Garantie: Sollte ein GU-Ratgeber einmal einen Fehler enthalten, schicken Sie uns das Buch mit einem kleinen Hinweis und der Quittung innerhalb von sechs Monaten nach dem Kauf zurück. Wir tauschen Ihnen den GU-Ratgeber gegen einen anderen zum gleichen oder ähnlichen Thema um.

GRÄFE UND UNZER VERLAG
Redaktion
Kochen & Verwöhnen
Postfach 86 03 25
81630 München
Fax: 089/41981-113
e-mail: leserservice@graefe-und-unzer.de

GU KÜCHENRATGEBER

Neue Rezepte für den großen Kochspaß

ISBN (10) 3-7742-6335-3
ISBN (13) 978-3-7742-6335-2

ISBN (10) 3-8338-0070-4
ISBN (13) 978-3-8338-0070-2

ISBN (10) 3-8338-0074-7
ISBN (13) 978-3-8338-0074-0

ISBN (10) 3-8338-0072-0
ISBN (13) 978-3-8338-0072-6

ISBN (10) 3-8338-0073-9
ISBN (13) 978-3-8338-0073-3

ISBN (10) 3-7742-6617-4
ISBN (13) 978-3-7742-6617-9

64 Seiten, 7,50 € [D]

Das macht die GU Küchenratgeber zu etwas Besonderem:

- *Rezepte mit maximal 10 Hauptzutaten*
- *Blitzrezepte in jedem Kapitel*
- *alle Rezepte getestet*
- *Geling-Garantie durch die 10 GU-Erfolgstipps*

G|U

Willkommen im Leben.

KAFFEE MIT AROMA

- Wenn Filterkaffee länger auf der Warmhalteplatte steht, verliert er sein Aroma und wird unangenehm bitter.
- Besser den frisch gebrühten Kaffee in eine Thermoskanne füllen (oder Kaffeemaschine mit Thermoskanne kaufen). Für einen Brunch mit vielen Gästen eine große Thermoskanne mit Spender ausleihen.

Geling-Garantie für Frühstück & Brunch

... UND NOCH EIN EI

- Für weiche Eier die Eier an der dicken Seite mit einem Eierpiekser anstechen, ins kochende Wasser legen und 4–5 Min. kochen. Wachsweiche Eier brauchen 7–8 Min., hart gekochte Eier etwa 10 Min. (kalt abschrecken!).
- Eier erst kochen, wenn die Gäste da sind, oder mit Eierwärmern in die Becher setzen.

MÜSLI UND FLOCKEN

- Müsli, Hafer- und andere Getreideflocken sind vor allem in der warmen Jahreszeit anfällig für Mehlmotten, deshalb gleich nach dem Kauf in luftdicht schließende Gläser oder Dosen umfüllen.
- In dekorativen Gläsern sehen sie auf dem Früh-stückstisch oder Brunchbüfett hübsch aus.

DUNKLES BROT

- Schwarzbrot und Vollkornbrot werden sonntags nicht frisch gebacken, also frisch eingefrorenes am Vorabend auftauen lassen.
- Oder backen Sie das Brot selber, mit einem Backautomaten geht das schnell: einfach die Zutaten hineinschütten – Kneten, Gehen und Backen übernimmt der Automat.